J'ai 30 ans dans mon verre

dyscool
lecture facilitée

Avec Dyscool, Nathan propose des romans jeunesse à succès dans une version adaptée pour les enfants dyslexiques et ceux qui ont du mal à entrer dans la lecture.

Les livres Dyscool sont plus confortables à lire et respectent le texte d'origine.

- La police, étudiée pour les Dys, est très lisible.
- La mise en page rend le déchiffrage plus facile.
- L'auteur a réécrit certains passages pour les rendre plus faciles à comprendre.

Cette adaptation a été réalisée en collaboration avec Mobidys, société spécialisée en dyslexie et en accessibilité cognitive.
L'histoire a été relue et testée par Cécile Zamorano, orthophoniste spécialiste de la dyslexie.

Avec Dyscool, lire devient amusant et facile !

texte aéré

les syllabes
des mots longs
ou complexes
en couleur.

le texte bien séparé
des illustrations.

Chaque soir, une nouvelle pile de livres

débarque à la maison.

Il y en a partout,

jusque dans les toilettes.

C'est une invasion*.

Impossible de râler. Avec Papa,

les livres ont toujours raison.

Il leur parle

comme à des êtres humains.

Il leur invente des prénoms

et les appelle « mes petits bouquins ».

Tous les bouquins sont ses copains.

*Invasion : arrivée d'un très grand nombre de soldats dans un autre pays.

12

13

les mots difficiles sont
définis à chaque page

changement de page
à chaque changement de scène

Le label Dyscool a reçu le prix OCIRP
« Acteurs Économiques & Handicap » 2017

Loi n° 49-956 du 16 juillet 1949 sur les publications destinées à la jeunesse, modifiée par la loi n° 2011-525 du 17 mai 2011.
ISBN : 978-2-09-257641-0

Hubert Ben Kemoun

NICO

J'ai 30 ans dans mon verre !

Illustrations de Régis Faller

Nathan

LES PERSONNAGES

Regarde bien la couleur de chaque personnage.
Dans l'histoire, elle t'indique qui parle !

Nico Il s'appelle Nicolas, mais ses copains l'appellent Nico. C'est lui le héros de cette histoire.

Natacha Elle travaille dans la cantine de l'école de Nico et ses copains.

Farid C'est le meilleur copain de Nico. Ils font souvent des bêtises ensemble.

Sam Sam est aussi un copain de Nico. Il aime jouer au foot et manger des bonbons.

Pierre Pierre est un copain de Nico. Il gagne souvent au jeu des verres !

Lisa Lisa fait partie de la bande de Nico. Elle est forte au basketball.

SOMMAIRE

Quand tu as fini un chapitre, coche-le pour savoir où tu en es !

Chapitre 1

Nico perd au jeu des verres

À la cantine,

nous avons une règle.

C'est la même

pour toutes les tables.

On joue au jeu des verres.

Chacun regarde le nombre
qu'il y a au fond de son verre.
On dit que c'est notre âge,
et le plus jeune a perdu !
Le perdant doit débarrasser.
Il faut déposer
les assiettes, les plats et les déchets
sur le chariot roulant.
Ce n'est pas fatigant,
mais ça fait arriver en retard
pour la récré !

– J'ai 25 ans !
déclare Farid.

– Et moi, 32 !
dit Lisa.

Je regarde aussi
au fond de mon verre.
J'ai un ridicule petit 5.

– Moi, j'ai 12 ans !
fait Sam.

– C'est moi le meilleur !

lance Pierre.

Il nous montre le 47

gravé dans son verre.

Tous mes copains rient :

– Nico, t'as encore perdu !

C'est toi qui débarrasses !

J'en ai assez !

Depuis 8 jours,

je tombe tous les midis

sur le verre

au plus petit nombre.

Mes copains foncent dans la cour.

Moi, je reste devant les assiettes

et le reste du plat d'épinards.

C'est une purée verte dégoutante.

Personne n'a aimé !

J'empile les assiettes,

je rassemble les couverts…

Je retarde le moment

de m'occuper du plat.

Beurk !

Chapitre 2

Natacha donne un indice à Nico

Natacha, la dame de la cantine, nettoie les tables.
Elle me demande :

– C'est encore toi qui débarrasses, Nico ?

– Je n'ai pas de chance, à la loterie des verres !

Natacha prend un air mystérieux
en essuyant les tables.

> – C'est que tes copains
> sont plus malins que toi !
> Plus malins
> et plus rapides !

Qu'est-ce qu'elle veut dire ?
Que mes copains trichent
pour me laisser débarrasser ?

Natacha me met

un esquimau sous le nez.

> – Tiens, Nicolas !
>
> Pour te récompenser,
>
> prends cette glace à la vanille !
>
> Et file en récré.
>
> Je finirai de nettoyer !
>
> dit-elle.

J'adore la glace

à la vanille !

Mais je déteste l'idée

que mes copains trichent

pour me faire perdre.

Je dois découvrir la vérité.

Je rejoins mes copains
dans la cour.
Farid me voit arriver
avec ma glace.

– Oh, Nico, t'as eu ça où ?
crie-t-il.

– C'est un cadeau !
dis-je en m'éloignant.

Je suis énervé.

Je pense au jeu des verres
tout l'après-midi.
Petit à petit,
je comprends pourquoi
les copains veulent toujours
être les premiers
à la cantine.

Natacha a dit

qu'ils étaient plus malins

et plus rapides.

Elle voulait dire

qu'ils choisissent les verres !

Et moi,

je n'ai rien vu.

Chapitre 3

La super idée de Nico

Je rentre chez moi
après l'école.
Au moment du gouter,
j'ai une idée !
Je vais donner une leçon
à mes copains.
Je glisse une barre chocolatée
dans mon cartable.

Le lendemain* midi,
on joue encore
au jeu des verres
à la cantine.
Mes copains ont des nombres
entre 20 et 40.
Moi, j'ai 3 ans dans mon verre !

* Le lendemain : le jour d'après.

Ça ne peut pas
être du hasard*,
c'est impossible !
Ça veut dire que mes copains trichent !
J'en suis sûr.

Ils rigolent :

– C'est encore ton tour, Nico !

* Hasard : quelque chose qui arrive sans raison.

Je fais le service*.
Quand j'ai fini,
je sors de ma poche
la barre chocolatée
que j'ai mise dans mon sac.
Je la mange
en allant voir mes copains.

* Faire le service : débarrasser.

Sam interrompt sa partie de foot.

– Wouah ! Nico !
Qui t'a donné ça ?
me demande-t-il.

– C'est Natacha !
Elle me l'a donnée
pour me récompenser.

Mes amis sont impressionnés.

– Natacha donne
des barres chocolatées
quand on débarrasse ?

Je mens :

– Oui !
Hier, j'ai eu une glace.
Aujourd'hui, c'était une barre.
Parfois,
elle me donne des gâteaux
ou des bonbons !

– Oh, la chance !

Leurs yeux brillent.
Ils veulent des bonbons,
eux aussi !
Ils sont prêts
à faire le service.

Chapitre 4

Le plan marche

Le midi suivant,
j'ai 30 ans
dans mon verre.
Farid trouve un 8.
C'est lui qui va débarrasser.
Il a l'air plutôt content...

Les autres et moi

allons dans la cour.

On joue à chat perché.

Quand Farid nous rejoint,

il n'est pas très heureux.

– Natacha ne m'a rien donné !
râle-t-il.

– C'est peut-être
parce que tu n'as fait le service
qu'une seule fois,
je déclare.

– Mais je déteste
être de service, moi !

J'ai envie de lui répondre

« moi aussi ».

Mais je préfère me taire.

Car, si je leur dis
que je déteste débarrasser,
mes copains vont comprendre
que je leur ai raconté
des histoires.
Ils tricheront encore.
Et je devrai débarrasser
pendant 1 mois !

Alors, je dis juste :

– Natacha n'avait peut-être
rien à offrir !
L'autre fois,
elle m'a donné un yoyo
qu'elle avait trouvé
dans un paquet de pâtes.

Mes copains veulent tous
un yoyo ou des bonbons.
Maintenant,
ils veulent perdre
au jeu des verres !
Chacun leur tour,
ils font tous le service
pendant 2 semaines.

Mais Natacha ne leur donne rien !

Ils ne comprennent plus rien.

Chapitre 5

Tout le monde débarrasse

Et puis un lundi,
je décide que ça suffit.
Pendant la récré du matin,
je vais voir Natacha
à la cantine.
Je lui explique mon plan
et ça l'amuse bien.

D'abord,

je vérifie les verres

qui sont sur notre table.

Aucun n'a le même nombre.

Ensuite, je fonce

vers les étagères.

Je regarde tous les verres

pour trouver ceux qu'il me faut.

Au repas de midi,
j'arrive à la cantine
en même temps
que les copains.

– J’ai 30 ans !

lance Sam.

– Moi aussi,

dit Farid.

– Moi aussi, j’ai 30 ans !

s’exclame Pierre.

– Et toi, Nico ?

– 30 ans, dis-je.

– C’est fou ! J’ai aussi 30 ans !

fait Lisa.

Comme personne n'a perdu,

nous débarrassons tous.

Cela nous prend

à peine 5 minutes.

Natacha nous offre même

des chocolats

pour nous féliciter.

– Profitez-en, les enfants !

dit-elle.

Mais attention !

Après les vacances,

la cantine devient un self*.

Vous débarrasserez

tous les jours !

* Self : une cantine où chacun débarrasse son plateau à la fin du repas.

L'auteur : Hubert Ben Kemoun

Hubert Ben Kemoun est né en 1958. Auteur de livres de jeunesse depuis plus de vingt ans, il a aussi beaucoup écrit pour la radio et le théâtre. Quand il était petit, ses copains et lui regardaient déjà leur âge au fond des verres à la cantine ! Hubert Ben Kemoun a reçu de nombreux prix littéraires au cours de sa carrière.
Il vit aujourd'hui à Nantes.

L'illustrateur : Régis Faller

Quand il était petit, Régis Faller adorait manger à la cantine.

Depuis, il a grandi et étudié les Arts Décoratifs. Il a illustré toutes les aventures de Nico et celles de nombreux autres héros.

Il vit en région parisienne, où il partage son temps entre l'illustration et le graphisme.

Tu as aimé ce roman ?
Retrouve d'autres romans dans la collection
dyscool

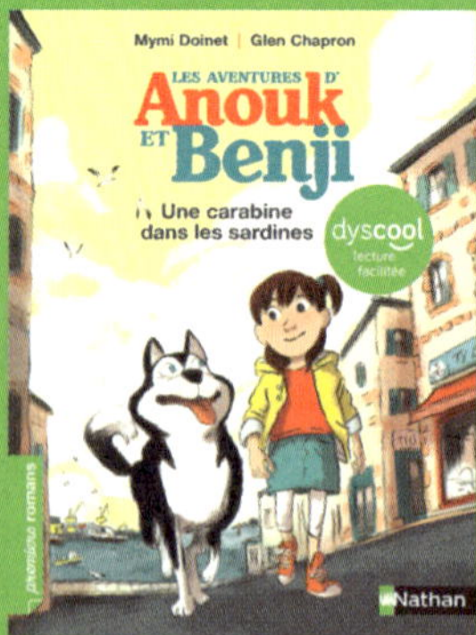

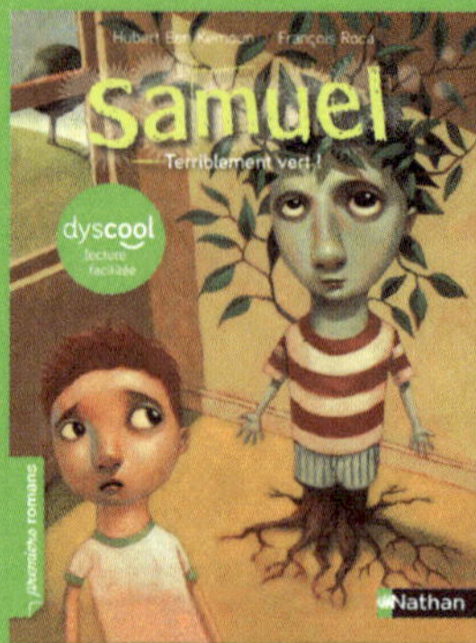

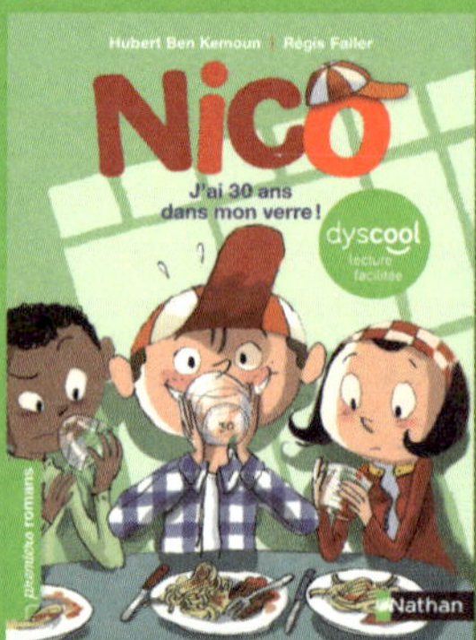

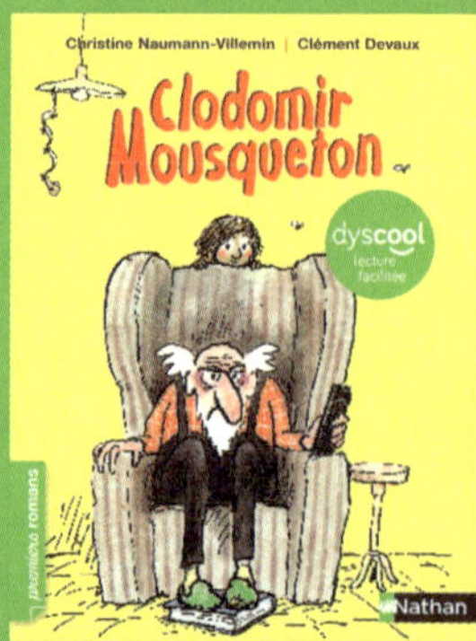

premiers romans

N° éditeur : 10245907 – Dépôt légal : juillet 2017
Achevé d'imprimer en avril 2018 par Pollina
(85400 Luçon, Vendée, France) - 84926

IMPRIM'VERT
Votre imprimeur agit pour l'environnement

MIXTE
Papier issu de sources responsables
FSC www.fsc.org
FSC® C022030